Andreas Z. Simon

Die Zukunft in meiner Hand

Andreas Z. Simon

Die Zukunft in meiner Hand

Roman

Mit Bildern von
Timo Grubing

Dieses Buch ist erhältlich als:
ISBN 978-3-407-81308-4 Print
ISBN 978-3-407-81309-1 E-Book (EPUB)

Lektorat: Christian Walther
Neue Rechtschreibung
Einbandgestaltung und Innenillustrationen: Timo Grubing
Satz: Lara Thorissen
Druck und Bindung: Beltz Grafische Betriebe, Bad Langensalza
Beltz Grafische Betriebe ist ein klimaneutrales
Unternehmen (ID 15985-2104-100).
Printed in Germany
1 2 3 4 5 27 26 25 24 23

Weitere Informationen zu unseren Autor:Innen und
Titeln finden Sie unter: www.beltz.de

Kapitel 1
Go Future

Ich bin ein Zeitreisender mit einer besonderen Fähigkeit: Ich kann die Zukunft vorhersagen.

Na ja, eigentlich kann ich es jetzt gerade nicht mehr. Aber der Reihe nach:

Wie es dazu kam, ist eine ziemlich verrückte Geschichte. Eigentlich völlig unglaublich. Auch du wirst es nicht glauben. Deswegen habe ich bisher auch niemandem davon erzählt. Auch mein Kumpel Bäm wusste nicht alles. Der heißt eigentlich Bham, was ein ganz normaler indischer Vorname ist. Aber wir nennen ihn alle nur Bäm. Er kannte einen Teil der Geschichte – und auch Lina kannte einen Teil. Lina heißt wirklich nur Lina, steht auch so in ihrem Schülerausweis.

In die war ich damals richtig verknallt. Das habe ich ihr aber natürlich nicht gesagt. Ich war viel zu unsicher. Ich war unsichtbar. Zumindest für Lina. Die war zwar in meiner Klasse, wusste aber nichts über mich, außer vielleicht meinen Namen. Ich wollte nichts mehr, als das zu ändern. Nur wie?

Es war Samstag, kurz nach dem Mittagessen. Ich saß in meinem Zimmer an meiner Hausaufgabe. Ein Aufsatz zum Thema Heldentum. Na toll, dachte ich. Besser wäre etwas in Mathe gewesen. Da hätte ich irgendwas zusammengerechnet und es wäre entweder ein richtiges oder ein falsches Ergebnis herausgekommen. Aber wenigstens hätte ich nicht ewig darüber nachdenken müssen. Das Wetter war super und ich wäre viel lieber ins Schwimmbad gegangen. Außerdem war gerade Jahrmarkt in der Stadt. Aber ich saß in meinem Zimmer und grübelte. Über mich selbst konnte ich schon mal nichts schreiben. Ich war kein Held. Und auch sonst fiel mir zu heldenhaften Geschichten nicht allzu viel ein.

Doch dann erinnerte ich mich daran, was Bäm mir erzählt hatte. Es gäbe da so eine Seite im Internet, auf der die Aufsätze von anderen gesammelt seien. Vielleicht konnte ich da einfach etwas abschreiben? Ich nahm mein Handy und googelte nach der Seite. Und dabei blinkte plötzlich diese Werbung für eine App auf.

GO FUTURE!

DIESE APP KENNT
DEINE ZUKUNFT.
NUR NOCH HEUTE
KOSTENLOS.

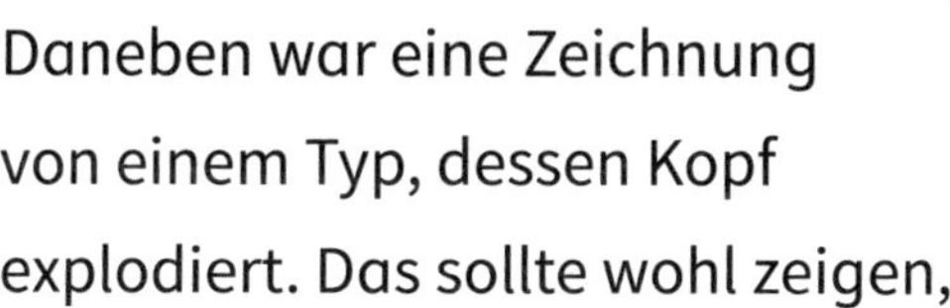

Daneben war eine Zeichnung von einem Typ, dessen Kopf explodiert. Das sollte wohl zeigen, wie erstaunt er war. Und unter diesem Bild lief ein Countdown. Wie bei einer Zeitbombe in einem Film. Nur noch 23 Minuten. Danach würde man die App nicht mehr umsonst bekommen. *Was für ein Mist*, dachte ich. *Das schreit doch geradezu nach Betrug.* Aber ich ließ mich in dem Moment nur zu gerne ablenken. Alles war besser als dieser bescheuerte Aufsatz. Außerdem kostete es ja nichts. Und Gratis-Apps durfte ich runterladen, so war es mit meiner Mutter abgesprochen. Vielleicht war es zumindest für einen Lacher gut. Also klickte ich auf *Download* und installierte die App.

Bereits das war ganz schön komisch. Der Bildschirm meines Handys begann zu flackern, und es gab ein Geräusch, als wäre ich in einem Science-Fiction-Film und würde mit meinem Raumschiff starten, nur leiser. Ich fühlte mich aber nicht wie ein cooler Raumschiff-Captain, sondern hatte nur Angst, dass ich mir irgendeinen Virus eingefangen hatte. Würde mein Handy jetzt kaputtgehen? Ich bereute es, auf so einen billigen Werbetrick reingefallen zu sein. Der Bildschirm wurde schwarz und es passierte gar nichts mehr. So ein Mist! Ich wollte mein Handy schon neu starten, da öffnete sich die App, ohne dass ich noch irgendwas drücken musste. Es flackerte nichts mehr. Es gab auch kein Geräusch. Eigentlich passierte fast gar nichts. Mein Handy-Bildschirm war weiß. Mit grauer Schrift stand darauf:

<DEINE FRAGE:>

Daneben blinkte ein Strich.

Das war's. Sonst nichts.

Es sah aus wie eine Programmier-Oberfläche. Bäm programmierte ein bisschen. »Coden« nannte er das. Er zeigte mir öfter, was er da so machte. Aber bis auf einen Vokabel-Trainer hatte er noch nichts zustande gebracht. Beim Englisch-Test war er dann trotzdem durchgefallen. Er hatte wohl zu viel Zeit mit Coden verbracht, statt einfach mal die Vokabeln zu lernen.

Es war nicht zu übersehen, dass die App auf meine Eingabe wartete. Also drückte ich wahllos ein paar Buchstaben und löschte sie sofort wieder. »Fdfjfgkfkdfdkf« würde die App sicher nicht verstehen.

Ich überlegte, was ich schreiben sollte. Die Frage, die mir schließlich einfiel, war zwar nicht besonders originell, aber ein guter Start. Also gab ich etwas ein.

<Wie heiße ich?>

Die Antwort kam noch in der gleichen Sekunde.

<JONAS>

Verflucht, dachte ich. *Jetzt bin ich auch noch gehackt worden.* Woher kannte die App meinen Namen? Ich hatte mich doch nirgends eingeloggt. Schnell legte ich das Handy vor mich hin, als sei es giftig. Der Bildschirm wurde wieder weiß und es erschien wieder die Aufforderung.

<DEINE FRAGE:>

Was wusste die App noch über mich? Ich dachte nach. Die App behauptete, meine Zukunft vorhersagen zu können. Wenn das stimmte, dann wusste sie natürlich auch meinen Namen. Denn ich würde ja auch noch in der Zukunft Jonas heißen. Mir wurde klar, dass meine erste Frage ziemlich doof gewesen war. Ich würde die App jetzt wirklich testen. Nur wie?

Mein Blick fiel auf den Nachttisch neben mir. Darauf lag ein Stapel Sammelkarten mit Bildern von Actionhelden aus Filmen, Büchern und Serien. Ich nahm den Stapel in die Hand und mischte die Karten kräftig durch. Dann tippte ich:

<Welche Karte werde ich aus dem Stapel ziehen?>

Die Antwort kam prompt.

<CAPTAIN SPACEWORLD>

Ich war überrascht. Man könnte auch sagen, erschrocken. Denn immerhin wusste die App, dass es einen Captain Spaceworld in meiner Sammlung gab. Ich mochte diese Karte nicht besonders, da ich den Typ in seinem grünen Raumanzug ziemlich albern fand.

Zur Sicherheit mischte ich direkt noch mal. Dann schloss ich die Augen. Ich kniff sie richtig fest zu, mehr als notwendig gewesen wäre. Langsam zog ich aus der Mitte des Stapels eine Karte. Immer noch mit geschlossenen Augen legte ich den restlichen Stapel zur Seite. In der Hand blieb die eine Karte, auf der ich nervös herumtrommelte. Vorsichtig öffnete ich mein linkes Auge einen winzigen Spalt. Auch wenn ich den Namen der Karte nicht lesen konnte, stach mir direkt das Grün ins Auge. Das Grün des Raumanzugs von … Captain Spaceworld. Jetzt brauchte ich erst mal eine Pause. Ich atmete tief ein – und noch tiefer aus. Trotzdem wurde ich nicht wirklich ruhiger. Ich konnte sogar mein Herz schlagen hören.

Ich sprang auf und lief nervös durch mein Zimmer. Das war doch absolut unmöglich! Dennoch war es genau so gerade passiert. Da lag eindeutig die Captain-Spaceworld-Karte und daneben mein Handy, auf dem nun wieder die gleiche Aufforderung stand:

<DEINE FRAGE:>

Wahnsinn! Was sollte ich als Nächstes tun?

Mit dieser App könnte ich im Lotto gewinnen. Ich könnte alle Ergebnisse der Fußball-Weltmeisterschaft vorhersagen. Ich könnte ein Mega-YouTube-Star werden. Jonas, der Held der »Ich-weiß-alles-Show«!

Die App blinkte friedlich vor sich hin, als ob nichts Besonderes passiert sei. Als sei das ganz normal. Vielleicht war das alles auch nur ein wilder Traum. Oder ich war verrückt geworden. Ich ging zu meinem Schreibtisch, nahm das Glas Wasser, das darauf stand, und schüttete es mir über den Kopf. Brrr! Wach war ich also. Und nass jetzt auch.

Ich musste unbedingt irgendjemandem von dieser App erzählen. Aber vorsichtig. Ohne dass ich mich blamierte, falls ich mir das alles doch nur einbildete. Meine Mutter sollte ich besser rauslassen. Die würde sowieso nur das Wort *Handy* aufschnappen und mir danach nicht mehr richtig zuhören. Vermutlich müsste ich wieder stundenlange Vorträge über mich ergehen lassen, warum Hausaufgaben und gute Noten wichtig für die Zukunft waren. Wieso es nicht gut war, so lange auf so ein kleines Display zu starren, bla bla bla. Solche Sachen eben.

Aber Bäm konnte ich anrufen. Der freute sich bestimmt über etwas Ablenkung.
Also startete ich von meinem Computer aus einen Videocall mit Bäm.

Es dauerte keine fünf Sekunden, bis sein Gesicht auf dem PC erschien.

»Na, was geht?«, fragte er.

»Bäm, ich muss dir unbedingt was erzählen« platzte es aus mir raus.

»Warum hast du nasse Haare?«, wollte er wissen.

»Das ist jetzt egal. Erklär ich dir später. Ich muss ...«

»Warst du etwa schwimmen?«, unterbrach er mich. »Ich wollte auch erst gehen, aber meine Eltern meinten ...«

Jetzt fiel ich ihm ins Wort: »Halt doch mal die Klappe! Ich muss dir etwas wirklich Wichtiges erzählen!«

Bäm sah mich verdutzt an, war aber endlich still.

Ich holte tief Luft. »Also ... pass auf. Ich habe einen Test mit dir vor. Was hast du gemacht, bevor ich dich angerufen habe?«

»Ge-zockt?«, antwortete Bäm vorsichtig, so als ob er Angst hätte, überhaupt noch etwas sagen zu dürfen.

»Und was?«

»FIFA.«

»Okay, pass auf! Sag mir jetzt nicht, wie dein Spielstand ist, und zeig mir auch nicht den Monitor. Warte einfach und mach gar nichts!«

»Ooookayyyy?«, sagte Bäm verunsichert und wartete ab.

Ich gab meine Frage ein:

<Wie geht Bäms Spiel aus?>

<3:1 FÜR FC BARCELONA>, ploppte mir die Antwort entgegen.

»Okay, Bäm! Du machst jetzt Folgendes: Du spielst das Spiel zu Ende und dann rufst du mich wieder an, sagst aber nichts! Stattdessen werde ich dir sagen, wie dein Spiel ausgegangen ist! Kapiert?«

»Bist du jetzt ein Zauberer oder so was?«, fragte er, nur mäßig begeistert.

»Nein, ich bin Hellseher!«

Für einen Moment gefiel mir die Idee, und ich fing an, mich wie der Zauberer zu verhalten, den ich letztens im Fernsehen gesehen hatte.

»Schau her!«, sagte ich übertrieben theatralisch. »Ich nehme jetzt diesen Zettel und schreibe darauf den Spielstand, mit dem dein Spiel enden wird. Ruf mich an, und ich zeige dir den Zettel als Beweis, dass ich die Zukunft vorhersagen kann!«

Während ich sprach, kritzelte ich »3:1 für FC Barcelona« auf den Zettel, natürlich so, dass Bäm nichts davon sehen konnte. Ungläubig murmelte Bäm nur »O.k.«.

Ich sagte »Bis gleich« und legte auf.

Kapitel 2

Der Zukunfts-Zauberer

In den nächsten Minuten lief ich in meinem Zimmer auf und ab. Wie ein Tiger in seinem Käfig. Vom Comic-Buchregal zum Bett und wieder zurück. Dazwischen die Augen immer wieder auf den Computer gerichtet. Wie lange würde es wohl dauern, bis Bäm zu Ende gespielt hatte? Im schlimmsten Fall müsste ich wohl neunzig Minuten warten. Ich ärgerte mich über mich selbst. Auch ein kürzerer Test hätte seinen Zweck völlig erfüllt. Vielleicht wartete ich hier aber auch vergebens, weil Bäm mich für verrückt erklärt hatte und einfach doch noch ins Schwimmbad gegangen war. Oder seine Eltern hatten ihn gezwungen, erst mal die Hausaufgaben zu machen. Oder es gab einen Stromausfall. Erneut versuchte ich, mich zu beruhigen. Im Stockwerk unter mir hörte ich die Wohnzimmer-Uhr schlagen.

Dann rief Bäm endlich zurück.

Ich ging ran und sah Bäms grinsendes Gesicht.

»Auftrag ausgeführt, Chef!«, sagte er und winkte dabei in die Kamera.

Guter Freund, dachte ich, *auf ihn ist Verlass.* Sogar dann, wenn Bäm allen Grund gehabt hätte, mich für verrückt zu halten.

»Du hast dein Spiel beendet?«, fragte ich.

»Ja klar. Und wenn ich dich richtig verstanden habe, steht auf deinem Zettel jetzt der Spielstand, richtig?«, erwiderte er und fügte dann ironisch hinzu: »Denn du bist ja jetzt ... Hellseher ... Uhuhuuuu!«

Er machte mit seinen Fingern zappelnde Bewegungen, die wohl so was wie das flatternde Nachthemd eines Geistes darstellen sollten.

Ungerührt davon nahm ich den Zettel in die Hand und las vor: »3:1 für FC Barcelona«.

Bäm hörte sofort auf, mit den Fingern zu zappeln, und starrte mich entgeistert an.

»Uhuhuhuuu …«, äffte ich ihn nach. »Na, was sagst

du jetzt?« Ich hielt den Zettel vor die Kamera, doch mehr Überzeugung brauchte er nicht.

Ich erzählte Bäm alles über die App. Natürlich suchte er sie sofort im Netz. Aber vergebens. Die App hatte ja nicht mal einen Namen. Unter »Go Future« war zumindest nichts zu finden. Es gab zwar Handlese-Apps und alles Mögliche andere, was in die Richtung ging. Aber keine App wie meine. Wieso ausgerechnet ich in den Genuss dieser neuen Fähigkeit kam, war mir völlig unklar.

Wie konnte ich das jetzt nutzen? Sofort dachte ich an Lina. War die App vielleicht meine große Chance? Ich träumte schon lange davon, sie anzusprechen. Doch wie hätte ich das tun sollen? Ich konnte Lina ja nicht einfach so sagen, dass ich sie mochte. Was wäre, wenn sie mich hässlich fand? Oder wenn sie schon einen Freund hatte? Aber vielleicht konnte die App mich für sie interessant machen.

Oder sogar zum Star? Ich grübelte immer weiter. Das Handy hielt ich dabei in der Hand, als könne es jeden Moment in meinen Händen zu Staub zerfallen.

Etwa eine Stunde später klingelte es an der Haustür. Es war Bäm. Er sagte meiner Mutter, wir würden für den Geschichte-Test am Montag lernen wollen. Das war natürlich gelogen.

Ohne mich zu fragen, ob ich das überhaupt wollte, stellte er sein Handy auf ein kleines Stativ, das er mitgebracht hatte.

»Was soll das?«, fragte ich.

Kommentarlos, aber breit grinsend, drückte er ein paar Mal auf seinem Handy herum. Bäm ging öfter mal live und hatte da manchmal ganz schön viele Zuschauer. Und genau das hatte er jetzt wohl auch vor.

Während er auf die ersten Zuschauer wartete, sagte er zu mir: »Jetzt machen wir dich berühmt. Bedank dich später!«

»Aber i...ich will gar nicht ...«, stotterte ich.

Jetzt erst sah ich, dass er den Stream *Triff den Zukunfts-Zauberer* genannt hatte. Darunter eine zweite Zeile: *Jonas sagt deine Zukunft voraus – Probier's aus.*

»Mann, das soll doch keiner wissen«, flüsterte ich Bäm zu, in der Befürchtung, dass bereits jemand zusah.

»Wieso nicht? Ein bisschen Ruhm kann dir sicher nicht schaden.«

Auf Bäms Handy ploppte der Name des ersten Zuschauers auf. Kai aus unserer Klasse ging online, dicht gefolgt von Leoni. Bäm startete sofort:

»Herzlich willkommen beim Zukunfts-Zauberer. Das hier ...« Dabei zeigte er auf mich. »... ist Jonas und er kann in die Zukunft sehen!«

Er begann damit, dass er eine Münze zückte und mich vorhersagen ließ, auf welcher Seite die Münze landen würde. Dazu warf er ein Tuch über mich, sodass ich darunter heimlich mein Handy befragen konnte. <ZAHL>, schrieb meine App.

Als Bäm das Tuch entfernte, waren es schon fünf Leute, die zusahen. Mit dabei war nun auch eine »Li_li_Na_na«. Ob das *die* Lina war?

Brav spielte ich bei Bäms Show mit und fragte mich, ob es wirklich so einfach sein konnte. Hatte ich jetzt bereits Linas Interesse?

Zumindest hatte ich die Aufmerksamkeit von immer mehr Leuten. Und einige der Bildschirm-Namen sagten mir jetzt auch nichts mehr.

Bäm wechselte zu einem Kartenspiel. Aber für mich war es stets das Gleiche. Ich verschwand unter dem Tuch, tippte und sah das Ergebnis. Dann beantwortete ich Bäms Frage und versuchte, dabei möglichst *magisch* zu wirken. Immerhin hatte ich Lina als Zuschauerin. Also vielleicht.

Dann unterbrach sich Bäm selbst und schlug vor, dass unser Publikum im Chat Fragen über die Zukunft stellen könne. Ich war kurz überrascht, widersprach aber nicht.

»Ah, das ist ja mal direkt eine interessante Frage!«, rief Bäm. »Dino-Man fragt, wer morgen beim Spiel das entscheidende Tor schießen wird. Na, da bin ich auch mal gespannt …«

Das Tuch fiel wieder über mich und ich befragte die App. Bäm und ich waren im gleichen Fußballverein und morgen Vormittag hatten wir ein Spiel gegen die Mannschaft des Nachbarorts.

Ich war noch ganz neu in der C-Jugend und ohnehin nicht sonderlich gut. Die meiste Zeit verbrachte ich auf der Ersatzbank. Umso mehr überraschte mich die Antwort meiner App.

<JONAS>, stand da.

Bäm zog das Tuch von mir und sah mich fragend an. »Li_li_Na_na« war immer noch da. Ich zögerte.

»Na, wer macht morgen das entscheidende Tor?«, wiederholte Bäm.

»Ich«, kam es aus mir heraus.

Bäm guckte überrascht. Ich blickte auf sein Handy und sah mehrere spöttische Kommentare im Chat. »Haha!«, »Träum weiter!«, »Das wäre echte Zauberei …« »Li_li_Na_na« verließ den Livestream. Hielt sie mich jetzt für einen peinlichen Angeber? Spontan verlor ich die Lust, noch weiter den Zukunfts-Zauberer zu spielen, und beendete mit einem Klick den Livestream kommentarlos.

»Hey«, sagte Bäm. »Du kannst doch nicht einfach …«

»Siehst du ja, dass ich kann. Ich habe

keine Lust mehr. Muss noch meinen Aufsatz für Dienstag schreiben.«

»Na und? Da ist ja wohl noch Zeit … Du warst kurz davor, berühmt zu werden!«

Bäm hatte recht. Eigentlich wollte ich doch genau das erreichen. Mir war das aber jetzt doch zu viel. Schließlich hatte ich behauptet, dass ausgerechnet ich das entscheidende Tor machen würde. Mit dieser Aussage könnte ich mich auch zum Gespött des Ortes machen. Also bat ich Bäm, zu gehen. Wir würden uns morgen beim Spiel sehen. Und da würde sich ja zeigen, ob die App tatsächlich richtiglag.

Selbst als Bäm weg war, blieb meine Aufregung. Beim Fußballspiel morgen würde ich vermutlich Lina sehen. Die Tochter unseres Trainers war ihre beste Freundin und sie sahen sich oft zusammen die Spiele an. Was wäre, wenn sie mich wirklich als Star des Spiels erlebte?

Während ich darüber nachdachte, begann mein Magen sich anzufühlen, als hätte ich gerade warmen Pudding gegessen. Diese App würde uns zusammenbringen, da war ich mir plötzlich ganz sicher – und der warme Pudding lief mir bis in meine Beine.

Kapitel 3

Das große Spiel

Am Sonntag fand dann das ungewöhnlichste Fußballspiel aller Zeiten statt. Kaum hatte ich die Umkleidekabine betreten, warf mir auch schon jemand ein Handtuch ins Gesicht und rief: »Hey, das hast du wohl nicht vorausgesehen, du Angeber!« Ich glaube, es war der dicke Mo. Zumindest stand der jetzt vor mir und sagte: »Los, sag mir mal die Lottozahlen!« Dann lachte er dämlich und guckte zu den anderen, die in einem Halbkreis hinter ihm standen. *Na klasse*, dachte ich. Hatten die etwa alle unseren Livestream gestern gesehen? Die Antwort bekam ich sofort, als Mo rief: »Du bist Hellseher? Na, dann mach mal!«

Mo war nicht nur doppelt so breit wie ich,

sondern auch fast doppelt so groß. Und wenn Mo was wollte, dann bekam er das auch. An ihm käme ich nicht vorbei. Also nahm ich allen Mut zusammen und sagte so selbstbewusst ich konnte:

»Okay, frag mich was – ich antworte dir.«

Ich drängte mich an ihm vorbei, und er ließ mich auch, wohl überrascht davon, dass ich keine Angst zeigte.

»Am besten wäre was aus der nahen Zukunft, damit du auch direkt merkst, ob ich recht habe«, schob ich hinterher. Das schien sogar Mo einzuleuchten, und ich hatte Zeit, mich vor den Spind zu setzen, und zückte wie beiläufig mein Handy.

Mo dachte nach.

Nach einer Weile spuckte nicht er eine Idee aus, sondern Keks, sein dürrer Freund neben ihm. Und er spuckte dabei wirklich ein bisschen, als er sagte: »Verrate uns, was Didi heute anhat und, äh, was für einen Witz er macht!«

Didi – so nannten wir unseren Fußballtrainer

Dieter. Er hatte die Angewohnheit, uns jedes Mal mit einem Witz zu begrüßen, und trug meist irgendwelche Klamotten aus den 90ern.

Die Aufgabe war natürlich nicht schwer, und während Mo sich zu den anderen umdrehte, tippte ich, so schnell ich konnte. Auf die App war Verlass. Die Antwort kam prompt. Gerade als sich Mo wieder mir zuwandte, sagte ich schnell zu ihm: »Blaues Hemd mit Kaffeefleck und ein Gag über eine Muschel!«

Mo blickte mich mit riesigen Augen an, als Didi zur Tür hereinkam. Er trug ein blaues Hemd und sagte mit großer Geste wie ein TV-Moderator:

»Hallo zusammen! Was liegt am Strand und spricht undeutlich?«

Nach einer Sekunde Pause sagte er:

»Eine Nuschel!«

Bäm lachte, Didi freute sich auffallend darüber und die anderen kapierten den Witz wohl nicht sofort.

»Los, macht euch fertig. Unser Spiel startet gleich!« Kurz war er irritiert, dass ihn immer noch alle anstarrten. Didi blickte an sich selbst herunter, griff dann entsetzt nach seinem Hemd. »Ah, Mist, ein Kaffeefleck! Wieso sagt mir das denn keiner?« Damit stürzte er aus der Umkleidekabine.

»Ich hab's doch gesagt!«, rief Bäm von irgendwo hinter mir und ich setzte noch ein stolzes »Ich sag's ja: Magie!« drauf.

Anpfiff. Das Spiel begann. Ich saß natürlich auf der Bank. Als Mo an mir vorbei übers Spielfeld rannte, rief er kurz zu den anderen:

»Bin ja mal gespannt, wie Jonas das Spiel von der Bank aus gewinnen will ...«

Alle außer Bäm lachten. Ich hatte mir auf jeden Fall mit meiner Vorhersage des Spiels keinen Gefallen getan.

Im Livestream hatte ich groß getönt, dass ich das entscheidende Tor schießen würde. Aber statt dem Ball hinterherzurennen, saß ich nutzlos rum. Das war natürlich extra peinlich, weil Lina wie erwartet auf den Rängen saß. Neben ihr Didis Tochter und Bienlein, Didis Hund. Ein netter Kerl mit unglaublich langen Schlappohren, auf den die beiden oft während des Spiels aufpassten. Aber heute würde noch etwas Besonderes passieren – und das sollte Lina auf jeden Fall mitkriegen.

»Ich muss mal kurz auf die Toilette!«, sagte ich während der zweiten Halbzeit zu unserem Trainer. Es stand bis dahin immer noch 0:0.

»Okay, aber Beeilung!«, antwortete er, ohne vom Spielfeld wegzusehen. Als ob es einen Unterschied machte, ob ich mich beeilte oder nicht. Einwechseln würde er mich sowieso nicht.

Ich ging in die Umkleidekabine und kramte mein Handy aus dem Spind. Wie sollte ich ein Tor schießen, so wie es die App vorhergesagt hatte?

Das wollte ich die App fragen, aber: Sie funktionierte plötzlich nicht mehr!

Ich saß vor meinem Spind, das Handy in der Hand, und traute meinen Augen nicht. Statt des üblichen <DEINE FRAGE:>, stand da jetzt:

<ZEIT LÄUFT BALD AB. HIER DRÜCKEN.>

Zeit läuft bald ab? Ich war geschockt. Was hieß das? Was würde passieren, wenn ich auf den neuen Button unter dem Text klickte? Wäre die App dann gelöscht? Mir wurde klar, wie sehr ich es gestern genossen hatte, mal im Mittelpunkt zu stehen. Das wollte ich nicht direkt wieder verlieren.

Draußen hörte ich die Jungs weiterspielen.

Also gut. Ich gab mir einen Ruck und drückte den Button. Ein neuer Text blendete sich ein:

<DEINE AUFGABE: BEENDE DAS SPIEL MIT NUR EINER SOCKE AM FUSS.>

Sofort fragte ich mich, ob mich jemand beobachtete. Ich blickte mich um. Es hätte mich nicht gewundert, wenn Bäm jetzt lachend hinter mir gestanden hätte. Aber ich war allein. Wie hätte er mich auch derart reinlegen können? Niemand konnte das. Die App war real. Aber diese Aufgabe war es auch.

Unter dem Text war ein neuer Button zu sehen. Ich konnte wählen zwischen <OK> und <NEIN>. Ich klickte auf OK.

Mein Handy machte schlagartig ein leises Klingelgeräusch.

<DEINE FRAGE:>

Der Cursor blinkte wieder wie zuvor, und es wirkte beinahe, als wäre nichts passiert.

Doch eine Sache hatte sich verändert. Am unteren Bildrand stand ganz klein: <10 MINUTEN>.

Offenbar hatte ich nur noch zehn Minuten übrig, um die Aufgabe zu erfüllen, sonst würde die App nicht mehr funktionieren.

Ich zog also erst meinen Schuh und dann die Socke aus und den Schuh wieder an.

Dann tippte ich:

<Wie mache ich das entscheidende Tor?>

Die Antwort kam eine Sekunde später.

<VOM MITTELFELD RECHTS AUSSEN BLEIBST DU AUF DEINER POSITION, LÄUFST ERST 2 MINUTEN VOR SPIELENDE NACH VORNE, DANACH KOPFBALL INS TOR.>

Diese Antwort war deutlich länger als alle Antworten zuvor. Und ich war verwirrt. Selbst wenn das funktionieren würde: Wie sollte ich das machen, wenn Didi mich auf der Bank sitzen lassen würde? Mit fehlender Socke ging ich zurück zum Training und kam mir ziemlich bescheuert dabei vor.

»Da bist du ja endlich wieder!«, winkte Didi mich ungeduldig zu sich.

»Wir brauchen dich jetzt!« Sven hatte sich seinen Fuß verstaucht und humpelte vom Feld. »Jonas Rechtsaußen!«

Ich wurde tatsächlich eingewechselt. Ich konnte es kaum fassen. Ich blickte zu Lina, die immer noch mit ihrer Freundin redete. Hatte sie gerade zu mir geguckt? Das war mein Moment. Ich durfte jetzt nur keinen Fehler machen. Das Spiel ging weiter.

Ich blieb wie versteinert auf meiner Position. Alle rannten um mich herum. Erst zwei Minuten vor Spielende sollte ich nach vorne rennen. Daran würde ich mich halten, auch wenn es sicher seltsam aussah, wie ich einfach nur so dastand. Bäm spielte auf der Position Linksaußen, und ich konnte sehen, wie auch er entgeistert zu mir herübersah.

Didi schrie: »Jonas, beweg dich! Was ist loooooos?«

Dann war meine Zeit gekommen. Ich sah auf die Anzeigetafel. Zwei Minuten bis Spielende.

Es stand immer noch 0:0 und die meisten Spieler tummelten sich gerade auf der linken Seite, nahe dem gegnerischen Tor. Ich hatte freie Bahn und rannte los.

Aus dem Augenwinkel konnte ich erkennen, wie Bäm mich rennen sah. Die anderen waren zu sehr mit dem Kampf um den Ball beschäftigt. Als ich bereits sehr nah vorm Tor stand und mich der gegnerische Torwart entsetzt ansah, konnte sich Bäm aus dem Getümmel lösen. Er spielte mir den Ball zu. Hoch durch die Luft flog er. Direkt auf mich. Kopfball. Zack. Ins Tor.

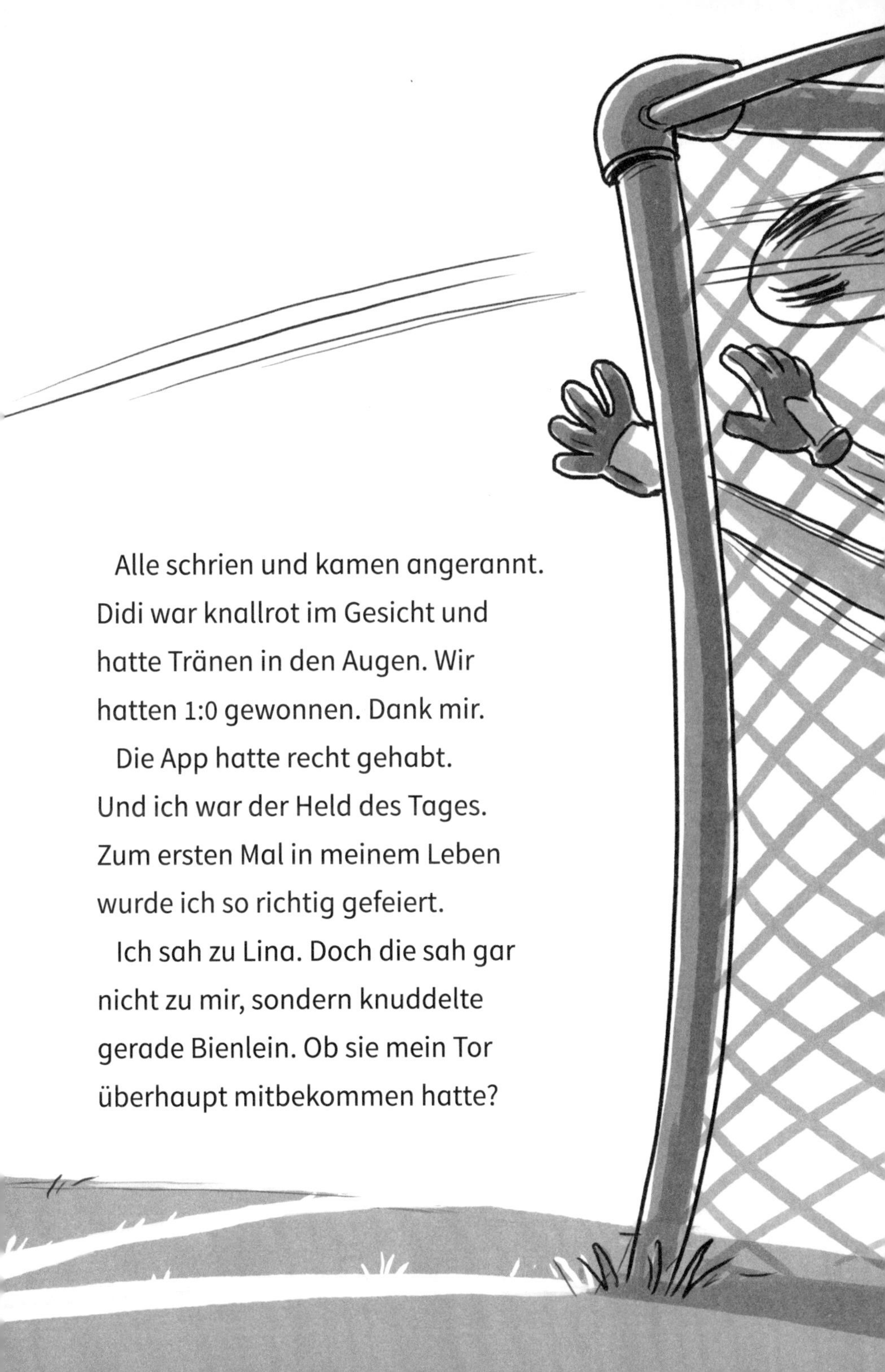

Alle schrien und kamen angerannt. Didi war knallrot im Gesicht und hatte Tränen in den Augen. Wir hatten 1:0 gewonnen. Dank mir.

Die App hatte recht gehabt. Und ich war der Held des Tages. Zum ersten Mal in meinem Leben wurde ich so richtig gefeiert.

Ich sah zu Lina. Doch die sah gar nicht zu mir, sondern knuddelte gerade Bienlein. Ob sie mein Tor überhaupt mitbekommen hatte?

Mein Gehirn drehte durch. Das konnte sie doch unmöglich verpasst haben? Ich jubelte so laut ich konnte mit den anderen mit. Aber Mo trug mich übers Spielfeld, und ich konnte nicht mehr sehen, ob Lina sich noch zu mir umdrehte.

Zu Beginn des Spiels hätte Mo mich wahrscheinlich nur zu gern verhauen. Jetzt tat er plötzlich so, als wäre ich sein bester Freund. Er wollte ständig abklatschen. Auch in der Umkleidekabine grölten alle weiter und freuten sich über den Sieg. Nach dem Umziehen kam Mo noch mal zu mir und machte ein Selfie mit mir. Sofort lud er es auf seinen Account. #Hellseher

Didi verabschiedete sich mit einem echten Kracher:

»Hey, Jungs, kennt ihr den? Geht ein Cowboy zum Friseur. Als er wieder rauskommt, ist sein Pony weg.«

Niemand lachte, aber wir grinsten alle höflich und verabschiedeten uns. Was für ein verrücktes Spiel. Ich war der Held des Tages – und freute mich trotzdem nicht.

Kapitel 4

Zwei Helden wie wir

Wow, dachte ich auf dem Nachhauseweg. Ich ging nämlich nicht wie sonst mit Bäm, sondern war umringt von der halben Fußballmannschaft. Die Jungs stellten eine Frage nach der anderen. Aber ich hatte keine Lust mehr, die Zukunft vorauszusagen. Wenn Lina mein Tor nicht mitbekommen hatte, was brachte die ganze App-Sache dann überhaupt?

»Schreibt mir einfach später eine Nachricht, und ich schau, was ich tun kann«, sagte ich, um sie alle loszuwerden. Und es half. Nach und nach ließen die Jungs von mir ab, bis nur noch Bäm neben mir herlief.

Nach einer Weile fragte Bäm plötzlich: »Wenn du jetzt Batman bist, bin ich dann so was wie Robin?«

»Häh? Robin?«

»Kennst du nicht? Das ist der Helfer von Batman – und alle Fans finden den immer viel uncooler als Batman.«

»Ich kenn nur einen Batman-Film und da kam der wohl nicht vor …«, sagte ich.

»Ja, eben, weil er der Uncoolere von den beiden ist! So wie bei uns. Du bist jetzt der große Held mit den tollen Fähigkeiten und ich die nervige Nebenfigur, die keiner mag.«

Bei so viel Selbstmitleid musste ich kurz auflachen.

»Und was genau willst du mir damit jetzt sagen?«, fragte ich.

Statt einer Antwort grummelte Bäm nur irgendwas vor sich hin. Aber ich wusste natürlich, worum es ging. Er war neidisch. Vermutlich hätte ich mich an seiner Stelle genauso gefühlt.

»Okay, Bäm, sag mir, was ich tun kann.«

Mein Freund druckste herum.

»Also, du könntest mir die Lottozahlen sagen und wir machen halbe-halbe mit dem Gewinn.«

»Und wie stellst du dir das vor?«, erwiderte ich. »Willst du dir Stelzen kaufen, damit der Kioskverkäufer denkt, du wärst schon erwachsen?«

»Hm …«, machte Bäm und sagte dann deutlich leiser: »Aber irgendwas muss doch mit der App anzufangen sein.«

»Ja, auf jeden Fall«, sagte ich und dachte dabei wieder an Lina. Würde sich durch die App noch mal etwas ergeben, womit ich sie beeindrucken konnte? Aber ich sagte etwas anderes:

»Ich glaube, wir müssen uns Zeit lassen. Nichts überstürzen. Uns wird schon noch was einfallen, womit wir reich und berühmt werden – oder wenigstens nur reich.«

Ich lachte, aber Bäm lachte nicht mit.

Wie aus dem Nichts sagte er: »Zeit lassen? Und was ist, wenn die App morgen nicht mehr funktioniert?«

»Wieso sollte sie das?«, fragte ich.

»Na ja, überleg doch mal. Sie taucht plötzlich bei dir auf. Du hast sie nicht gekauft. Da kann sie doch auch plötzlich wieder weg sein, oder? Bei wem willst du dich beschweren? Bei der Polizei?«

Er verstellte seine Stimme und sagte übertrieben albern: »Hallo, ich bin Jonas. Ich möchte Anzeige erstatten gegen eine App aus der Zukunft. Ich habe sie für null Euro gekauft und jetzt ist sie weg und das finde ich voll doof …«

»Wieso denkst du, dass die App aus der Zukunft kommt?«, unterbrach ich sein Theaterspiel.

»Ist doch das Logischste. Wenn die App die Zukunft erraten könnte, wäre das Magie – und daran glaube ich nicht. Nein, das hat bestimmt irgendwas mit Wissenschaft zu tun. Da hat jemand was zusammengecodet, der weiß, was passieren wird. Eben jemand aus der Zukunft. Ein Zeitreisender zum Beispiel.«

»Ein Zeitreisender? Das klingt aber nicht sehr logisch«, sagte ich mehr zu mir selbst als zu Bäm. Wieder gingen wir einen Moment lang schweigend nebeneinanderher.

»Jetzt hab ich's!«, rief Bäm plötzlich. »Du könntest mir sagen, welche Aufgaben am Montag beim Test drankommen.«

Das war tatsächlich keine schlechte Idee. Unsere Erdkundelehrerin, Frau Günal, war ein großer Fan von Frage-und-Antwort-Tests, die man einfach ankreuzen musste. Das wäre also einfach zu merken und gelernt hatte ich auch noch nicht.

Außerdem war Lina nicht besonders gut in Erdkunde. Das könnte also doch noch eine Chance für mich sein! Ich fragte mein Handy und wir notierten uns: a, a, d, b, c, a, d, d, e, a, d, c, e. Bäm wollte uns einen kleinen Spickzettel dafür schreiben, und ich bat ihn, noch einen dritten zu machen.

»Für wen denn?«, fragte Bäm.

Jetzt druckste ich herum. »Äh, für Lina …«

Bäm sah mich an, als sei ich verrückt geworden.

Die nächsten Minuten verbrachte ich damit, Bäm zu erklären, dass ich *nicht* in Lina verknallt war. Mit ihm wollte ich über so was einfach nicht reden. Irgendwann gab er auf und glaubte mir, dass ich nur nett sein wollte. Er versprach, einen weiteren Spickzettel zu machen.

Auf dem restlichen Nachhauseweg erreichten mich noch mehrere Nachrichten mit Fragen zur Zukunft. Ich setzte mich auf eine Parkbank, um die Fragen abzuarbeiten. Wenn ich jetzt nach Hause ginge und ständig Nachrichten bekäme, würde meine Mutter sowieso nur Verdacht schöpfen.

Keks fragte, was er seiner Schwester zum Geburtstag schenken könnte, damit sie sich richtig freut. Kein Problem: ein Gedicht.

Auch Mo schrieb mir. Er wollte wissen, ob seine Eltern nach der Trennung wieder zusammenkommen würden. Das machte mich ein bisschen traurig. Meine Eltern waren auch getrennt, allerdings schon sehr lange. Für mich war Mo immer nur der doofe Bully vom Fußballtraining. Und jetzt schrieb er mir so was Persönliches. Ich fragte mein Handy und bekam die Antwort:

<NEIN>

Ich beschloss, ihm später zu antworten. Ich wollte es ihm einfach nicht sagen.

Maik fragte, wann genau seine Eltern aus der Oper zurückkommen würden. Um Viertel vor 11.

Aber dann war wieder Schluss:

<ZEIT LÄUFT BALD AB. HIER DRÜCKEN.>

Mist, schon wieder. Was wollte die App diesmal von mir? Meine Socke hatte ich wieder an, aber das Spiel war ja auch vorbei.

Ich gab mir einen Ruck, drückte aufs Display und bestätigte, dass ich bereit für die nächste Aufgabe war.

<DEINE AUFGABE: BESUCH DEINE OMA.>

Irgendwie hatte ich gehofft, ich müsste nur mein T-Shirt falsch rum anziehen oder so was. Aber das hier war jetzt was Persönliches. Damit hatte ich nicht gerechnet. Ich war alleine schon überrascht, dass die App wusste, dass ich eine Oma hatte. Wobei es natürlich klar war, dass sie so was wusste, wo sie ja sogar die Zukunft voraussagen konnte. Ich akzeptierte die Aufgabe.

<3 STUNDEN>, stand nun da. Ich konnte also erst mal nach Hause gehen und würde am Nachmittag meine Oma besuchen.

Kapitel 5
Die Zeitmaschine

Meine Oma war vor zwei Jahren ins Alten-Wohnheim gezogen und seitdem sahen wir uns nicht mehr so oft. Früher hatte sie nur zwei Straßen weiter gewohnt und ich hatte oft bei ihr übernachtet. Aber das ging im Wohnheim natürlich nicht.

Mit jedem Schritt auf dem Weg zum Wohnheim spürte ich mein Handy in der Hosentasche. Ich hatte es letztes Jahr zum Geburtstag bekommen, mit ganz vielen Auflagen. Meine Mutter musste immer sehen können, wo ich mich gerade befand. Apps, die etwas kosteten, mussten vorher besprochen werden. Und falls meine Noten schlechter werden sollten, würde die Handyzeit pro Tag begrenzt. Bisher hatte ich mich jedoch immer an alles gehalten, und meine Mutter hatte keinen Grund, sich Sorgen zu machen.

In meiner Tasche befand sich also nun ein mächtiges Werkzeug, mit dem ich die Zukunft vorhersagen und vielleicht sogar beeinflussen konnte. Aber irgendwie freute ich mich auch nicht mehr wirklich darüber. Bäm hatte mich verunsichert. Was war, wenn die App wirklich auf einmal nicht mehr funktionierte? Das wäre das schnelle Ende meines Ruhms. Die App wollte, dass ich meine Oma besuchte, aber was würde sie als Nächstes fordern?

Ich hatte keine Zeit, länger darüber nachzudenken, denn ich war beim Alten-Wohnheim angekommen. Ich war hier schon öfter gewesen, aber nicht besonders gerne. Es roch meist schlecht und die alten Leute im Flur schienen mich anzustarren. Selbst die Pflegerin hatte heute so einen Blick drauf, als ob sie einem ein schlechtes Gewissen machen wollte. Weil man so selten zu Besuch kam. Ich ging die Treppe hoch in den ersten

Stock und zum Zimmer meiner Oma. Die Tür stand halb offen, und meine Oma saß da, wo sie immer saß: in ihrem Lehnstuhl mit Blick zum Fenster – oder zum Fernseher, wenn sie sich leicht drehte. Jetzt gerade war der Fernseher jedoch aus und sie blickte aus dem Fenster. Das Zimmer war langweilig eingerichtet. Ein paar Blumen am Fenster und ein Bücherregal. Ihr Bett und an der Wand dahinter Bilder, die ich gemalt hatte, als ich noch kleiner war. Keine Meisterwerke, aber meiner Oma gefielen sie.

Ich trat näher an sie heran und sagte: »Hallo, Oma.«

Sie drehte sich zu mir um und brauchte zwei Sekunden, bis sich ihr Gesicht freudig erhellte.

»Oh, Jonas. Wie lieb, dass du gekommen bist!«

Sie nahm meine Hand in ihre beiden Hände und drückte sie, so fest sie konnte, was aber nicht besonders fest war. Ihre Hände waren weich und faltig und zitterten leicht. Ihre genauso faltigen Augen strahlten mich an und sie sagte erneut: »Ach, wie schön. Nimm dir doch einen Stuhl.«

Sie zeigte auf die Ecke neben der Tür. Ich holte den Klappstuhl von dort und setzte mich ihr gegenüber.

Irgendwo im Flur hustete jemand und ein Pfleger trug klappernd ein Tablett an unserer Tür vorbei. Ich fragte mich, ob ich jetzt schon wieder gehen konnte. Die App hatte mir ja nicht gesagt, wie lange ich bleiben musste. Sofort schämte ich mich für diesen Gedanken. Ich schüttelte ihn weg, indem ich sagte: »Wollen wir was spielen?«

Mau-Mau war die beste Möglichkeit, damit keine allzu langen Gesprächspausen zwischen uns entstanden. Denn worüber sollten wir auch schon reden? Mein Blick wanderte durchs Zimmer und blieb an Omas Büchern hängen. Jetzt erst fiel mir auf, dass da viele Bücher über Physik standen. Ich erinnerte mich, dass Oma mal Lehrerin gewesen war. Physiklehrerin? *Es muss was mit Wissenschaft zu tun haben*, hatte Bäm gesagt. Kannte sie sich womöglich mit Zeitreisen aus? Ohne noch länger darüber nachzudenken, fragte ich:

»Sag mal, denkst du, dass Zeitreisen möglich sind?«

Meine Oma lachte leise.

»Haha. Wie kommst du denn auf so was? Hast du gerade ein Buch darüber gelesen?«

»Ja, äh, genau«, log ich etwas verunsichert.

Oma überlegte: »Hmm … Ich habe Physik studiert. Also kenne ich mich schon ein bisschen aus …«, sagte sie und lächelte dabei.

Tatsächlich, dachte ich. Wie konnte ich das nur vergessen haben? Deswegen wollte die App bestimmt auch, dass ich meine Oma besuche.

»Die Zeit ist immer ein spannendes Thema. Nicht nur in der Physik. Als ich so alt war wie du, da habe ich ›Die Zeitmaschine‹ gelesen. Das war ein tolles Buch. Daran erinnere ich mich sehr gut.«

Ich versuchte mir Oma vorzustellen, als sie zwölf Jahre alt war. Ich hatte das Bild eines blonden Mädchens mit zwei großen Zöpfen und einem altmodischen Kleid vor Augen. So saß sie auf einem Baum und las eine zerknitterte Ausgabe von ›Die Zeitmaschine‹. Ich musste innerlich grinsen, weil das so gar nicht zu der Frau passte, die da jetzt vor mir saß. Aber natürlich musste auch sie einmal jung gewesen sein.

»Leider habe ich das Buch irgendwann verloren, aber ich würde es zu gern noch einmal lesen. War eine tolle Geschichte und hat damals mein Interesse an Physik geweckt. Also, ich glaube schon, dass Zeitreisen möglich sind«, beantwortete sie meine Frage. »Aber ich glaube, nur in eine Richtung!«

»Wie meinst du das?«, fragte ich, ernsthaft erstaunt.

»Ja, mein Kind, wir reisen ja bereits durch die Zeit. Mit jeder Sekunde an Zeit, die vergeht, reisen wir eine Sekunde in die Zukunft. Bis morgen früh werden wir beide einen Tag in die Zukunft gereist sein. Wir sind also bereits echte Zeitreisende! Ich allerdings mit deutlich mehr Zeitreise-Erfahrung als du«, sagte sie und kicherte.

Darüber musste ich einen Moment nachdenken und hätte beinahe vergessen, meine nächste Karte zu legen. Meine Oma redete weiter:

»Deswegen glaube ich, dass es leichter ist, in die Zukunft zu reisen, als in die Vergangenheit. Denn was geschehen ist, ist geschehen, und ich glaube nicht, dass es irgendwann eine Maschine geben wird, die das Geschehene ungeschehen machen kann.«

Die Zahnräder in meinem Kopf knirschten laut.

Oder zumindest kam es mir so vor. Aber eines musste ich meiner Oma lassen: Ich glaube, sie hatte recht. Bevor ich etwas erwidern konnte, rief sie: »Mau-Mau!« und grinste erfreut.

Sie hatte gewonnen und ich hatte es noch nicht mal kommen sehen. Früher hätte sie mich gewinnen lassen, aber heute dachte sie wohl, dass ich bereits alt genug zum Verlieren sei. Immerhin reiste ich ja schon fast dreizehn Jahre durch die Zeit.

Wir legten die Karten zur Seite und sprachen noch ein bisschen über Erinnerungen aus ihrer Jugend. Sie erzählte, wie ihr einmal ein Buch ins

Meer gefallen war. Ausgerechnet eine Geschichte über eine Meerjungfrau. Und sie erzählte mir, dass sie selbst gerne Bücher geschrieben hätte, sich jedoch nie dazu hatte aufraffen können. Ich beschloss, ihr das Buch »Die Zeitmaschine« zu besorgen und nächstes Mal mitzubringen.

Ich war wirklich froh, dass ich diese Zeitreisen-Frage gestellt hatte. Das war das beste Gespräch mit meiner Oma, an das ich mich erinnern konnte. Sie war tatsächlich eine Zeitreisende, und es war spannend, ihr zuzuhören.

Als ich in der Tür stand, blickte ich noch einmal zurück und versuchte, in der alten Frau das zwölfjährige Mädchen zu sehen, das sie einmal gewesen war. Aber so richtig gelang es mir nicht.

Kapitel 6

Schummeln für Anfänger

»Hey, Mann«, begrüßte mich Bäm am Montagmorgen ungeduldig wartend vor der Schule. Er drückte mir den Spickzettel für den Erdkunde-Test in die Hand. Ich versuchte mir die Abfolge der Antworten zu merken und wollte Bäm gerade fragen, ob er auch Lina den Spickzettel gegeben hatte. Doch da klingelte es und Bäm schob mich ins Klassenzimmer.

In der nächsten Stunde war ich damit beschäftigt, so zu tun, als würde ich über die Aufgaben nachdenken. Das war gar nicht mal so einfach. Es war tatsächlich ein Ankreuz-Test und Bäm konnte sich ein Dauergrinsen nicht verkneifen.

Lina dagegen wirkte völlig normal. Sie blickte nicht von ihrem Blatt auf. Ich fragte mich, ob sie wusste, dass ich der Retter ihrer Klassenarbeit war. Falls nicht, würde es bestimmt mächtig Eindruck machen, wenn sie es erfahren würde.

Frau Günal, die wir hinter ihrem Rücken Güni nannten, bemerkte nichts von unserem Verhalten.

Sie las ganz vertieft in einem Buch über Ägypten. Typisch Erdkundelehrerin eben.

Als es zur Pause läutete, strömten wir wie üblich nach draußen. Neu war nur, dass mich die ganze Klasse irgendwie angrinste. Ich blickte fragend zu Bäm. Der sagte direkt: »Überraschung! Ich habe allen die Lösungen gegeben. Du bist jetzt ein Held!«

Bevor ich das richtig kapiert hatte, folgte auch schon die nächste Überraschung: Lina kam auf mich zu. Auf mich! *Zauberer Jonas hat seinen ersten Erfolg zu verbuchen*, dachte ich, bevor ich bemerkte, dass Lina gar nicht so glücklich aussah.

»Steckst du hinter den geklauten Lösungen?«, fragte sie.

»Ähm, also, eigentlich – ja …«, erwiderte ich leicht verunsichert. »Ist doch eine coole Sache, oder? Hast du die Lösungen auch benutzt?«

»Natürlich nicht! Erstens verwende ich keine geklauten Antworten. Und zweitens: Was denkst du Hirni eigentlich, was passiert, wenn Güni merkt, dass jeder in der Klasse die exakt gleichen Antworten angekreuzt hat? Meinst du, sie gibt dann allen eine Eins und freut sich, dass sie so eine tolle Lehrerin ist? Wenn selbst Joschi alles richtig hat, dann ahnt sie doch sofort, dass da was faul ist. Joschi weiß nie was. Das stinkt zum Himmel und wir kriegen alle mächtigen Ärger – wegen dir!«

Ich starrte sie an und dachte fieberhaft über eine Antwort nach. Aber mir fiel nichts ein. Sie hatte leider absolut recht! Also blickte ich sie nur stumm an und sah dabei vermutlich genauso dämlich aus, wie ich mich fühlte. So hatte ich mir mein erstes Gespräch mit Lina nicht vorgestellt.

Nach der letzten Stunde standen Bäm und ich vor der Schule. Frau Günal fuhr mit dem Rad an uns vorbei. Wir grüßten freundlich und Bäm sagte zu mir: »Und wie sollen wir das anstellen? Güni ist weg – und ich habe keine Ahnung, wo sie wohnt. Du etwa?«

»Ich nicht. Aber das hier!« Ich winkte mit meinem Handy.

<DEINE FRAGE:>

<Wo wird Frau Günal in 30 Minuten sein?>

<IM KÄFERWEG 7>

Ohne auf Bäms Reaktion zu warten, tippte ich direkt eine zweite Frage hinterher.

<Wann wird Frau Günal den Test korrigieren?>

<SIE BEGINNT HEUTE UM 19.37 Uhr.>

»Na also«, sagte ich zu Bäm. »Wir haben ihre Adresse und noch bis halb acht Zeit, an die Tests zu kommen und wenigstens ein paar Fehler einzubauen, damit niemand Verdacht schöpft.«

Und um keine weiteren Fragen aufkommen zu lassen, fügte ich noch hinzu: »Und du wirst mir helfen, da du uns das eingebrockt hast!«

Ohne Widerworte ging Bäm zu seinem Fahrrad.

Lina hatte recht. Wir würden wirklich Ärger bekommen. Wenn alle aus der Klasse zum Rektor mussten, käme schnell raus, dass wir dahintersteckten. Meine Mutter wäre sicher nicht erfreut darüber und natürlich wäre mein Handy dann sehr schnell weg. Noch schlimmer aber fand ich, dass Lina sauer auf mich war. So hilfreich die App auch sein mochte: Diese ganze Zukunfts-Sache erschien mir langsam immer weniger genial als am Anfang.

Kapitel 7
Einbrecher

Mit zusammengekniffenen Augen starrte Bäm auf das kleine Haus vor ihm. Wir hatten unsere Räder zwei Straßen weiter angeschlossen und waren zu Fuß zu unserem Ziel gelaufen. Wir würden jetzt Einbrecher werden – und noch konnte ich mir gar nicht vorstellen, wie das eigentlich funktionieren sollte. Bäm schien es ähnlich zu gehen.

»Das schaffen wir nie!«, sagte er, ohne den Blick vom Haus abzuwenden.

»Lass uns doch einfach mal schauen, ob die App uns helfen kann«, sagte ich. »Wir wissen, dass Güni die Tests erst heute Abend korrigieren wird. Die Frage ist also: Wie genau kommen wir an die Tests?«

Ich tippte die Frage und die Antwort kam prompt:

<FRAU GÜNAL WIRD ABWECHSELND IM WOHNZIMMER UND IN DER KÜCHE SEIN. DIE TESTS BEFINDEN SICH IN IHREM ARBEITSZIMMER IM ERSTEN STOCK. FRAU GÜNAL WIRD DIE TERRASSENTÜR FÜR IHRE KATZE BIS 17.52 UHR OFFEN HALTEN.>

»Oh, Mist«, sagte Bäm. »Sie hat eine Katze!«

»Na und? Der Katze wird es egal sein, ob wir da sind oder nicht. Oder hast du schon mal von einer Wachkatze gehört?«

»Okay, also was jetzt?«

»Wir suchen die Terrassentür, schleichen uns ins Arbeitszimmer, verändern die Tests und schleichen uns wieder raus. Ganz einfach.«

Als wir geduckt um das Haus herumliefen, fühlten wir uns dennoch wie Einbrecher. Bäm blieb hinter ein paar Gartenmöbeln versteckt in der Hocke, während ich durch die halb offen stehende Terrassentür spähte. Frau Günal saß im Wohnzimmer auf der Couch und las in einer Zeitschrift.

Bäm kramte eine Tüte mit Laddus aus der Tasche und bot mir an, auch mal zu beißen. Laddus sind indische, süße Teigkugeln, die seine Mutter immer für ihn macht. Ich lehnte ab, merkte aber durchaus, dass mein Magen knurrte. *Musste Güni nicht auch endlich mal Hunger bekommen?*

Kaum hatte ich das zu Ende gedacht, stand sie auf, ging in die Küche und fing an, mit Töpfen zu klappern.

Das war unser Moment. Bäm stopfte etwas ungeschickt den halb angekauten Laddu zurück in die Tüte und diese dann in seine Jackentasche. Auf Zehenspitzen schlichen wir durchs Wohnzimmer und direkt die Treppe hoch, gleichzeitig so schnell und so leise, wie wir nur konnten. Doch die letzte Stufe knarrte unter meinen Füßen derart laut, dass ich kurz erstarrte. Auch Bäm hinter mir stoppte abrupt. Aber Frau Günal hatte wohl die Abzugshaube angeschaltet und uns nicht gehört. Sicherheitshalber machte Bäm dennoch einen größeren

Schritt, um nicht auch diese Stufe benutzen zu müssen. Dann waren wir im Arbeitszimmer.

Frau Günal war ganz offensichtlich Fan von altem ägyptischem Kram. An der Wand hingen Bilder mit diesen komischen Zeichnungen, die Ägypter als Schrift verwendet hatten und auf ihrem Schreibtisch stand eine Figur einer altägyptischen Katze. Eine von diesen hässlichen ohne Haare.

Die Tests fanden wir sofort. Sie lagen mitten auf dem Schreibtisch in einer Mappe, auf der 6c stand. Doch kaum hatten wir die Tests in der Hand, hörten wir etwas von unten. Die Treppenstufe knarzte kaum merklich.

Mit der Mappe in der Hand versteckten wir uns blitzschnell unter dem Schreibtisch. Jemand stand in der Tür. Ganz vorsichtig drehte ich mich, um am Schreibtisch vorbei zur Tür blicken zu können. Und da war tatsächlich jemand: die Wachkatze.

Es war genau die Art haarlose Katze, wie sie als Figur auf dem Schreibtisch stand. Und die Katze blickte mir direkt in die Augen. Sie setzte sich und leckte sich eine Pfote, ohne den Blick von mir abzuwenden. Als würde sie überlegen, ob sie uns verpfeifen sollte. Ich machte Bäm ein Zeichen, dass er sich schon mal die Tests vornehmen sollte, während ich die Katze zu mir lockte. Oder zumindest versuchte ich es. Wer schon mal versucht hat, eine fremde Katze anzulocken, dürfte das Problem kennen. Hübsche Tiere, aber sturer als jeder Esel.

Als ich mit einem Stück Papier unter dem Schreibtisch raschelte, kam die Wachkatze dann aber doch ein bisschen näher. Elegant wie ein Tiger. Sie ließ sich sogar etwas streicheln. Plötzlich klingelte es an der Haustür!

Nicht nur die Wachkatze erschrak und zu dritt hielten wir nun die Luft an. Aus dem Flur hörten wir eine uns sehr bekannte Stimme.

»Was ist grün und steht vor der Tür? – Ein Klopfsalat!«

Frau Günal lachte laut auf und Didi begrüßte sie mit einem vertrauten: »Hallo, wollte dir nur ein paar Blumen aus meinem Garten vorbeibringen. Handgepflückt!«

Bäm blieb ein Laddu im Hals stecken und wir sahen uns entsetzt an. Didi baggerte Güni an. Einfach so. Zeit, das zu verdauen, hatten wir aber nicht, da uns ein Bellen schnell klarmachte, dass Didi nicht allein gekommen war. Bienlein, Didis Hund, wirbelte freudig ins Wohnzimmer und interessierte sich dann für die Treppe in den ersten Stock! Er roch wahrscheinlich die Wachkatze – und die schien auch genauso beunruhigt wie wir. Sie löste sich aus meinem Streicheln und blickte angespannt zur Tür.

»Hey, Bienlein!«, rief Didi. »Komm wieder her!«

Jeden Moment würde Bienlein uns verraten. Ohne wirklich drüber nachzudenken, griff ich nach Bäms Tüte, nahm einen Laddu heraus und machte einen beherzten Schritt zur Tür.

»Hol!«, sagte ich leise, während die Teigkugel die Treppe herunterflog. Bienlein war offensichtlich erstaunt, mich plötzlich zu sehen. Aber nicht erstaunt genug, um nicht meiner Aufforderung zu folgen. Er drehte auf der Treppe um und stürzte sich mit Begeisterung auf die süße Kugel. Direkt feuerte ich weitere Laddus nach unten, damit er sich nicht wieder umdrehte und zu uns zurückkam. Dann kam Didi angestürmt.

»Was soll denn das Theater? Ist ja peinlich mit dir…«

Bäm sah mich immer noch entsetzt an. Er konnte wohl nicht verstehen, weshalb ich seine Snacks durchs Haus geworfen hatte. Aber es hatte geklappt. Didi leinte Bienlein an und die beiden verabschiedeten sich. Glücklicherweise hinterließ Bienlein keine Laddu-Spuren. Saubere Arbeit.

»Tschüss dann. Ich … äh … Vielleicht hast du ja mal Lust, eine Runde über den Jahrmarkt …«, hörte ich Didi noch sagen.

»Ja, gerne!«, unterbrach Frau Günal ihn, und ich war erstaunt, wie einfach das ging. Sollte ich Lina vielleicht auch einfach mal Blumen mitbringen? Oder sie irgendwohin einladen? Ganz direkt? *Wäre doch megapeinlich*, dachte ich, als mich Bäm aus meinen Gedanken riss. Wir machten uns wieder an die Tests.

»Was ist mit dem?«, fragte Bäm und hielt mir Linas Test hin.

Ich überflog ihre Antworten – sie hatte drei falsche Häkchen gesetzt. Für mich fühlte sich das falsch an, wenn sie jetzt einen schlechteren Test als wir abgegeben hätte. Auch wenn sie es nicht gewollt hatte, änderte ich zwei Antworten zum Besseren und legte den Test schnell weg.

Ich blickte auf mein Handy und da war es wieder:

<ZEIT LÄUFT BALD AB. HIER DRÜCKEN.>

Wir machten, dass wir rauskamen. Die Wachkatze blickte uns hinterher. Ich glaube, sie mochte uns.

Kapitel 8
Zeit läuft ab

»Okay, hör zu, ich muss dir was über die App erzählen«, sagte ich zu Bäm. Ich hielt ihm stumm mein Handy hin.

<ZEIT LÄUFT BALD AB. HIER DRÜCKEN.>

»Ist das schon öfter passiert?«

»Ja. Wenn ich da drücke, kommt eine Aufgabe, die ich erfüllen muss, sonst deinstalliert sich die App.«

»Na, dann drück doch!«, sagte Bäm, offensichtlich ohne Verständnis dafür, dass ich überhaupt gezögert hatte. »Die Sache mit dem Test war vielleicht nicht so genial. Aber was ist mit deinen ganzen Fans? Das kannst du doch jetzt nicht einfach wegwerfen …«

Ich dachte daran, dass auch Lina unseren Livestream gesehen hatte. So ganz wollte ich die Hoffnung noch nicht aufgeben, dass die App mir helfen konnte, Lina anzusprechen. Also drückte ich den Button.

<DEINE AUFGABE: FAHRE KETTENKARUSSELL MIT LINA.>

Ich musste schlagartig rot geworden sein. Auf jeden Fall grinste mich Bäm an. Er hatte sofort kapiert, weshalb die App so was von mir forderte.

»Du stehst also doch auf Lina! Warum hast du mir das nicht gesagt?«

Ja, warum eigentlich nicht?, dachte ich. Vermutlich, weil ich es mir selbst noch nicht richtig eingestanden hatte. Eine große Chance sah ich auch nicht bei ihr. Schon gar nicht, nachdem sie so sauer auf mich war. Also warum darüber reden?

Stattdessen sagte ich: »Quatsch, ich weiß auch nicht, wie die App da drauf kommt …«

»Und was passiert als Nächstes?«, fragte Bäm, wieder mit Blick zum Handy.

»Ich kann jetzt da draufklicken und bekomme dann Zeit gutgeschrieben. Innerhalb der Zeit muss ich die Aufgabe erfüllen, sonst …«

»Ja dann los!«, rief Bäm und drückte auf mein Handy, ohne mich zu fragen. Das Display schaltete um, man konnte wieder Fragen eintippen und der Countdown zeigte <30 MINUTEN>.

»Hey!«, protestierte ich. »Du kannst doch nicht einfach für mich …«

»Klar, kann ich. Hast du ja gerade gesehen«, unterbrach er mich. »Du hättest nur ewig rumgemacht und Zeit verschwendet. Wenn ich du wäre, würde ich mal loslaufen. Du hast eine Verabredung mit Lina!«

Beim letzten Satz grinste er breit. Mir war gar nicht zum Lachen zumute. Auf dem Jahrmarkt stand vermutlich wie jedes Jahr wieder ein Kettenkarussell. Aber Lina zu fragen, ob sie mit mir dort eine Runde drehen würde, das sagte sich leicht.

Bäm unterbrach meine Gedanken. »Ich muss jetzt wieder nach Hause. Also musst du das alleine durchziehen.«

Er verabschiedete sich und ich ging in Richtung Marktplatz. Ich war mir immer noch nicht sicher, ob ich mich wirklich trauen würde, sie zu fragen. Aber ich schob den Gedanken erst mal beiseite.

Das Kettenkarussell zu finden, wäre leicht. Aber was, wenn Lina heute gar nicht auf dem Jahrmarkt war? Vielleicht wollte sie erst morgen gehen. Oder sie ging gar nicht hin, weil sie solche Feste überhaupt nicht mochte. Oder sie war schon da, lief aber gerade Arm in Arm mit ihrem Freund dort rum. In so einem Fall könnte ich sie erst recht nicht fragen – und würde es auch nicht mehr wollen. Ich unterbrach meine Gedanken und schaute aufs Handy.

<27 MINUTEN>

Ich tippte:

<Wo ist Lina in der nächsten halben Stunde?>

<SPIEGELKABINETT, WAFFELSTAND, AUTOSCOOTER.>

Diese Ausrede war mir also auch genommen. Lina war da und ich würde es zumindest versuchen müssen.

Kapitel 9

Auf dem Jahrmarkt

Ich rannte die Allee zur Stadtmitte herunter und erreichte gerade den Marktplatz, als ich plötzlich stolperte und hinfiel. Mehrere Leute drehten sich um und blickten mitleidig zu mir. Aber mir war zum Glück nichts passiert. Mein Sturz hatte zwar bestimmt dämlich ausgesehen, aber ich war flach gelandet wie eine Frisbee-Scheibe. Langsam stand ich wieder auf. Doch worüber war ich da eigentlich gestolpert? Meine Augen sahen an mir runter und da war ein auffallend dickes Kabel. Es lag zwischen zwei Schausteller-Wagen und lief in eine Art große Steckdose. Offensichtlich war das die Stromversorgung für einige der Schausteller-Buden. Ich war also am Ziel, hatte aber ausgerechnet die einzigen Zentimeter des Kabels erwischt, die die Arbeiter nicht ausreichend geschützt hatten. Ich klopfte mich ab, versicherte den Umstehenden, dass es mir gut ging, und setzte meinen Weg auf den Jahrmarkt fort. Dabei zog ich mein Handy aus der Tasche, um zu prüfen, ob es etwas abbekommen hatte. Schließlich war ich direkt darauf gefallen. Und tatsächlich: Das Display war zersplittert. Alle paar Sekunden wurde das Handy kurz schwarz, flackerte dann etwas, ging wieder an, dann wieder aus. Ich konnte

noch Apps öffnen und auch Tippen ging, aber das Display hatte offensichtlich einen Schaden.

Mist, dachte ich. *Das war jetzt wirklich völlig unnötig*. Ein neues Handy würde mir meine Mutter so schnell bestimmt nicht kaufen. Ich würde die App also wirklich brauchen, um das Glück noch mal auf meine Seite zu ziehen.

Es roch nach Zuckerwatte und gebrannten Mandeln. Eine Ansage vom Autoscooter schallte durch die Luft. Von überallher wummerte Musik.

Ich blickte nach oben und versuchte, mich am Riesenrad zu orientieren. Letztes Jahr war das Spiegelkabinett direkt neben dem Riesenrad gewesen, also wollte ich dort mein Glück versuchen. Lina konnte ich aber nirgends finden. Vermutlich war sie schon weitergegangen. Ich sah eine Bude mit einer Wahrsagerin und überlegte kurz, ob die genauso viel vorhersagen könnte wie meine App.

Ich blickte gerade von meinem flackernden Display auf, als ich ein kleines Mädchen zwischen zwei Aussteller-Wagen auf dem Boden kauern sah. Sie weinte.

Ich ging auf sie zu und fragte: »Alles in Ordnung?«

Sie sah mit tränenüberströmtem Gesicht zu mir hoch und sagte: »Ich habe meine Kette verloren.«

Sie war vielleicht fünf oder sechs Jahre alt und hätte sich unbedingt mal die Nase putzen müssen. Auf jeden Fall war sie zu jung, um alleine auf dem Jahrmarkt zu sein.

»Wo sind denn deine Eltern?«, fragte ich.

Sie erzählte mir in verheulten Worten, dass sie sich heimlich die Lieblingskette ihrer Oma ausgeliehen hatte. Die hatte sie dann bei der Fahrt mit dem Super-Whirler verloren. Das hatte sie aber erst zu Hause gemerkt. Deshalb war sie weggelaufen, um die Kette zu suchen. Bis jetzt ohne Erfolg. Ich blickte aufs Handy.

<14 Minuten>

Ich hatte wirklich keine Zeit zu verlieren. Aber ich konnte jetzt auch nicht einfach weiterlaufen. Das Mädchen war in Not und es ging um die Kette ihrer Oma. Und Omas sind wichtig, das war mir neulich selbst klar geworden. Also beschloss ich, die App zu nutzen und zu helfen – und zwar diesmal so, dass mir nicht wieder wichtige Infos durch die Lappen gingen.

<Wie werde ich die Kette finden?>

<DU ZIEHST DEN STROM VOM AUTOSCOOTER, STELLST DICH GENAU 3 SCHRITTE NEBEN DEN STAND ZUM DOSENWERFEN UND ZÄHLST BIS 42. DAZWISCHEN KURZ DUCKEN BEI 27. BEI 40 HAND AUSSTRECKEN.>

Ich war ja schon einiges gewohnt, aber diese Zeilen ließen mir den Unterkiefer runterklappen.

Das klang sehr kompliziert. Beim Fußballspiel hatte es zwar auch geklappt, aber wie sollte das hier funktionieren? Ich dachte daran, dass Bäm meinte, die App käme vielleicht aus der Zukunft. Wenn das so war, wusste die App, dass ich genau diese verrückten Dinge gleich tun würde. Und ich würde es tun, weil die App es mir sagte. Wie bei dem Ei und dem Huhn. Mein Kopf brummte wie ein Wespennest.

<11 MINUTEN>

Ich musste schnell machen. Ich sagte dem Mädchen, es solle kurz warten. Dann rannte ich, so schnell ich konnte, zurück zu dem dicken Stromkabel.

Ein kurzer beherzter Ruck brachte den erhofften Erfolg. Einige der Buden hatten plötzlich keinen Strom mehr.

Der Besitzer einer Wurf-Bude, ein dünner Typ mit langen Haaren, schrie direkt auf.

»Hey, warst du das?«

Damit meinte er zum Glück nicht mich, sondern den bärtigen Besitzer der Bude gegenüber. Der putzte gerade seine Wasserpistolen, mit denen man kleine Bälle durch ein Labyrinth hindurchspritzen sollte. Der Langhaarige schrie immer weiter rüber zum Bärtigen. Der drehte sich aber nicht mal um, sondern kehrte dem anderen Budenbesitzer ganz bewusst den Rücken zu.

Von der Wurfbude aus ging ich zwei Schritte in die Mitte des Weges, so wie die App es von mir wollte. Ich stand jetzt ganz knapp nicht mehr unter dem Vordach der Bude und schon fast mitten auf dem Weg. Ich kam mir ein bisschen dämlich vor, aber ich bewegte mich keinen Zentimeter, während ich in meinem Kopf bis 42 zählte.

1, 2, 3 …

Der Langhaarige sah mittlerweile aus wie ein Streichholz, das gleich von alleine anfängt zu brennen. Er marschierte rüber zu dem Bärtigen.

»Hast du Wasser in den Ohren, oder was? Ich rede mit dir!«

»Du redest nicht, du schreist«, sagte der Bärtige ruhig. Aber man konnte sehen, dass er es gar nicht mochte, so angeschrien zu werden. »Und wieso hast du eigentlich eine nasse Hose?«

Wie beiläufig drehte er sich zum Langhaarigen um und spritzte ihm mit seiner Wasserpistole auf die Hose.

9, 10, 11 …

Ich zählte weiter vor mich hin und beobachtete den Streit, als plötzlich Mo vor mir stand. Mitsamt seiner Truppe.

»Aus dem Weg, Kleiner«, sagte Mo, der tatsächlich mindestens einen Kopf größer war als ich. Ich blieb jedoch auf meiner Position, obwohl es klar war, dass Mo diesmal vermutlich kein Selfie mit mir wollte. Ich erinnerte mich: Ich hatte ihm immer noch nicht auf seine Zukunfts-Frage über seine Eltern geantwortet. Jetzt kam sicher die Rache.

»Taub?«, rief einer seiner Freunde und machte dabei eine drohende Handbewegung.

Ich musste irgendwas tun, sonst bekäme ich jetzt mächtig Ärger.

14, 15 …

»Ist das nicht dieser Zukunfts-Typ?«, fragte ein anderer. »Ich wette, der kann nicht voraussehen, was ich gleich mit meiner Faust mache.«

Währenddessen war der langhaarige Budenbesitzer wieder zurück an seinem Stand und bekam einen mächtigen Wutanfall. Erst warf er selbst einige seiner Dosentürme mit der Hand um und starrte dabei zwischendurch immer wieder auf seine nasse Hose. Dann nahm er einen der Bälle in die Hand.

18, 19 …

Ich ignorierte die zwei Männer und sah stattdessen Mo in die Augen.

»Tut mir leid, dass ich dir noch nicht auf deine Frage geantwortet habe. Aber ich kann leider nicht so weit in die Zukunft gucken.«

Mo schluckte, und es war ihm sichtlich unangenehm, dass ich das vor seinen Freunden sagte.

»Was wolltest du denn wissen, Mo?«, fragte auch prompt sein dümmlich aussehender Kumpel. Direkt änderte sich etwas an dem Bild vor mir. Mo war jetzt nicht mehr der Chef. Seine Kumpels nahmen ihn in die Zange und witterten nun eine Gelegenheit, mal über Mo lachen zu können.

»Halt's Maul« sagte Mo zu mir, als sich sein Kumpel zu mir umdrehte und mir auf die Brust tippte.

»Was wollte Mo wissen?«

23, 24 …

Der Langhaarige schmiss mittlerweile vor lauter Wut mit Bällen nach dem Bärtigen. Erneut beachtete der ihn aber nicht, sondern reinigte weiter in Ruhe seine Wasserpistolen. Richtig gut waren die Würfe nicht. Die Bälle flogen in alle Richtungen.

26, 27 …

Kurz ducken bei 27, erinnerte ich mich. Also bückte ich mich und ein Ball flog nur knapp über meinen Kopf. Als ich mich wieder aufrichtete, sauste ein weiterer direkt in die Bude des Bärtigen. Die Jungs waren sichtlich kurz verwirrt, woher ich wusste, dass da ein Ball kam.

»Er wollte wissen, wer Fußballweltmeister wird«, log ich und ignorierte die Sache mit dem Ball völlig. Mit Erfolg, denn sofort interessierten sich die Jungs nicht mehr für mich. Mo war offensichtlich erleichtert, dass ich nichts über seine Eltern verraten hatte. Zumindest glaubte ich, das in seinem Blick gesehen zu haben, als er zu den anderen sagte: »Kommt, lasst uns abzischen!«

33, 34 …

Ich war nun wieder alleine. Bis auf die Jahrmarktbesucher, die sich wunderten, weshalb ich da im Weg stand.

Der Bärtige verlor nun endgültig die Geduld und stapfte drohend Richtung Ball-Stand und direkt wieder zurück. Zwischendurch blieb er gerade so vor mir stehen, dass ich hinter ihm Lina und ihre Freundin entdecken konnte!

39, 40 …

Bei 40 Hand ausstrecken. Ich streckte meine Hand aus. Lina erkannte mich gerade in dem Moment, als sich der Bärtige nach einem Ball bückte und ihn mit voller Wucht warf. Der Ball traf zwar nicht den langhaarigen Budenbesitzer, dafür aber den Stab, mit dem seine Wagenklappe aufgehalten wurde. Es gab einen mächtigen Schlag und die Klappe fiel zu. Vom Vordach rutschte eine Kette herunter. Genau in meine ausgestreckte Hand.

42!

Dort war die Kette also gelandet, als sie sich im Super-Whirler gelöst hatte.

Lina beobachtete diese Szene und sah sehr verwirrt aus. Ihre Freundin bemerkte davon nichts, die war bereits weitergegangen. Lina kam auf mich zu. Ich überlegte kurz, ob ich sie jetzt direkt fragen sollte, ob sie mit mir Karussell fahren würde. So wie Didi unsere Lehrerin einfach gefragt hatte. Aber ich brachte es nicht über die Lippen. Ich sagte nur kurz »Äh … Hi« und dann stammelte ich nur noch:

»Äh, ich … also, du … hast du …«

»Ist das eine Kette?«, fragte Lina.

»Ehm … äh, ja«, sagte ich mit Blick zur Kette in meiner Hand.

Da stand ich also vor Lina, immer noch regungslos mit der Kette in der Hand, und konnte nicht mal mehr richtig reden. Was sie wohl gerade dachte? Hatte sie verstanden, dass ich gerade etwas Gutes tat? Oder hielt sie mich nur für bescheuert?

»Hast du vielleicht Lust …« Ich schluckte. »… mit mir Kettenkarussell zu fahren?«

Ich erhielt keine Antwort: Ihre Freundin rief nach ihr und Lina drehte sich von mir weg. Sie hatte die Frage vermutlich nicht mal richtig gehört.

Ich kam mir extrem dämlich vor und rannte zu dem Mädchen, ohne mich noch mal nach Lina umzusehen.

»Danke, du bist echt ein Held!«, sagte das Mädchen mit einem Blick, dass ich es fast selbst geglaubt hätte.

Während hinter uns der Strom der Buden wieder eingeschaltet wurde, begleitete ich sie noch nach Hause. War ich jetzt wirklich ein Held? Wenn doch nur Lina wenigstens davon wüsste …

In meinen Augen hatte ich versagt. Mein Handy war kaputt. Lina mochte mich immer noch genauso wenig wie vorher – und jetzt hatte ich auch noch einen völlig verrückten Eindruck bei ihr hinterlassen. Ich hatte schon länger nicht mehr auf mein Handy gesehen. Aber ich befürchtete das Schlimmste. Ich verabschiedete mich von dem Mädchen und stapfte frustriert nach Hause.

Kapitel 10

Ein alter Bekannter

Zögerlich nahm ich auf dem Nachhauseweg mein Handy in die Hand. Ich wollte die Nachricht, dass ich versagt hatte, nicht auch noch schriftlich vor mir sehen. Trotzdem konnte ich mein Handy ja nicht für immer in der Tasche lassen. Also öffnete ich die App. Das Display flackerte nach wie vor.

<ZEIT ABGELAUFEN>

Das war keine Überraschung. Ich hatte meine Aufgabe schließlich nicht erfüllt. Aber unter der Schrift blinkte ein neuer Button:

<HIER DRÜCKEN>

Bekam ich vielleicht doch noch eine

Chance? Ich wollte mir nicht zu viel Hoffnung machen und drückte einfach direkt drauf.

Das Display flackerte noch heftiger, als es das sowieso schon tat, und plötzlich erschien ein Video. Fast wäre ich gegen eine Laterne gelaufen.

Zu sehen war die Skyline einer Stadt, die ich nicht kannte. Davor stand ein alter Mann, der fröhlich in die Kamera blickte.

»Na, damit hast du jetzt nicht gerechnet, oder? Aber ja, ich bin es wirklich!«

Mein Unterkiefer klappte herunter, als ich ahnte, wessen Gesicht ich da sah.

»Genau«, fuhr der Mann fort. »Ich bin du!«

Mein Handy flackerte immer noch. Alle paar Sekunden wurde mein Bildschirm schwarz, dann erschien das Video-Bild wieder. Nur der Ton lief lückenlos durch. Und auch wenn das eigentlich unglaublich war, so merkte ich doch direkt, dass ich diesem Mann trauen konnte. Wieso sollte ich mich auch selbst anlügen? Gelegentlich liefen Leute an mir vorbei und hielten mich wahrscheinlich für sehr seltsam. Eins dieser Kinder, die nur noch auf ihre Handys starren. Aber es konnte ja auch niemand ahnen, was ich da sah. Es wurde langsam dunkel. Völlig regungslos stand ich unter einer Laterne und hörte meinem Ich aus der Zukunft zu.

»Vor ziemlich genau siebzig Jahren stand ich unter der gleichen Laterne und konnte es nicht fassen. Genauso wie du jetzt. Aber es ist wirklich wahr: Ich lebe von dir aus gesehen in der Zukunft. Heute – also in meiner Zeit – ist vieles möglich, was früher als unmöglich galt. Ich könnte dir jetzt Dinge erzählen … Zeitreisen wird es in deiner Zukunft aber immer noch nicht geben. Oder zumindest nicht so, wie man sich das vorstellt. Ich kann leider nicht einfach in der Zeit zurückreisen und dich persönlich besuchen. Heute kann man aber Daten durch die Zeit schicken. Und genau das habe ich gemacht. Ich habe Daten an mein altes Handy – also dein jetziges Handy – geschickt. Die App wusste also nicht, was in der Zukunft passieren würde. Die App wusste nur, welche Fragen du stellen wirst. Und ich wusste auch, welche Antworten die App mir gegeben hatte, als ich so alt war wie du. Ich musste also nur eine App programmieren, die alle Antworten in der richtigen Reihenfolge ausspuckte. Einfach, oder?«

Ich bekam spontan Kopfschmerzen. Mein Ich aus der Zukunft kannte natürlich die Vergangenheit. Aber woher konnte es sich an alles noch so genau erinnern? Und war das nicht alles total verrückt? Als ob er meine Gedanken kannte, fuhr der Mann im Video fort:

»Die Zeit ist ein Kreis. Ich wusste mein ganzes Leben lang, dass ich eines Tages diese App programmieren und an mein junges

Ich zurückschicken würde. Also habe ich alles ganz genau aufgeschrieben. So wie du jetzt alles aufschreiben wirst.«

Er grinste breit. Ich war völlig überfordert. »Ich kann dir leider nicht alles erzählen. Es war aber wichtig, dass du diese Erlebnisse gemacht hast, auch wenn du jetzt noch nicht verstehst, warum. Du wirst es verstehen! Aber ich will dir auch nicht zu viel verraten. Freu dich einfach drauf. Die Zukunft wird gut!«

Das Bild erlosch. Diesmal aber nicht nur für eine halbe Sekunde. Es war mindestens fünf Sekunden lang nur Schwarz zu sehen. Dann war, zack, einfach mein ganz normaler Start-Bildschirm zu sehen. Die »Go Future«-App war verschwunden.

Zu Hause versuchte ich, die Begrüßung meiner Mutter so kurz wie möglich zu halten, und verschwand in meinem Zimmer. Niemand würde mir die Geschichte glauben, da war ich sicher. Vielleicht sogar nicht mal Bäm.

Ich fragte mich, was das alles für einen Sinn haben sollte. Wozu der Aufwand, eine App durch die Zeit zu schicken? Ich konnte es mir einfach nicht erklären. Ich konnte aber auch auf keinen Fall schlafen. Also tippte ich die ganze Nacht über alles in mein Handy, so genau ich konnte. Von dem Nachmittag an, an dem ich die App auf meinem Handy installiert hatte, beschrieb ich alles bis ins kleinste Detail und schlief erst mitten in der Nacht ein.

Kapitel 11

Der Tag danach

Am nächsten Morgen ging ich zur Schule und versuchte, nicht so müde auszusehen, wie ich mich fühlte. Bäm winkte mir freundlich zu wie immer. Lina war auch da und würdigte mich keines Blickes – auch wie immer.

In der ersten Stunde bekamen wir unseren Test zurück. Alle hatten dank uns ganz gute Noten. Aber Ärger gab es nicht. Es hatte sich also gelohnt, dass wir die Tests verändert hatten. War Lina jetzt beruhigt? Hatte sie gemerkt, dass auch sie ein besseres Ergebnis hatte? Ich schaute zu ihr, aber ihr Gesichtsausdruck verriet nichts. Ich grübelte darüber nach bis in die nächste Unterrichtsstunde.

Plötzlich hörte ich meinen Namen.

»So, Jonas, dann lies du uns doch mal deinen Aufsatz als Erster vor. Komm direkt nach vorne, damit wir dich auch alle gut hören können.«

Mist, der Aufsatz über Heldentum. Den hatte ich in all der Aufregung völlig vergessen. Wo sollte ich den denn jetzt herzaubern? Gerade wollte ich Herrn Klawan gestehen, dass ich meine Hausaufgaben nicht gemacht hatte, da fielen mir die Notizen ein, die ich letzte Nacht geschrieben hatte.

»Ich habe den Aufsatz auf meinem Handy gespeichert, weil mein Heft voll war«, sagte ich, während ich nach vorne ging und mich vor der Klasse positionierte. »Leider ist mein Display kaputt, kann also sein, dass ich etwas hake beim Vorlesen.«

»Na, wenn es sein muss«, sagte Herr Klawan. »Wir sind wirklich sehr gespannt!«

Und dann las ich alles vor – die ganze Geschichte.

Alles, was ich änderte, waren Namen.

Da das Handy ja immer wieder zwischendurch ausging, gewöhnte sich die Klasse an meine kurzen Aussetzer – und ich hatte Zeit, mir neue Namen auszudenken. Und die Stellen mit Lina kürzte ich spontan auf das Notwendigste.

Die ganze Klasse hörte mir gespannt zu. Einmal blickte ich kurz zu Bäm, der aussah, als würde er gleich ohnmächtig werden. Er hatte sicher das Gefühl, dass wir jetzt auffliegen. Aber da bestand keine Gefahr. Das Ganze war so unglaublich, dass niemand auf die Idee käme, dass es wirklich passiert wäre.

Meine Geschichte ging deutlich länger, als so ein Aufsatz normalerweise wäre, aber niemand unterbrach mich. Als ich fertig war, setzte ich mich wieder auf meinen Platz.

»Also, Jonas, ich muss sagen, ich bin begeistert«, sagte Herr Klawan von seinem Pult aus. »Wirklich ganz toll und überraschend kreativ, wie du an das Thema Heldentum herangegangen bist. Ein Held ist nicht nur, wer mit viel Muskelkraft die bösen

Schurken besiegt. Es sind wirklich manchmal auch die kleinen, mutigen Entscheidungen, die uns zu Helden machen können. Auch eine mutige Entscheidung war übrigens, eine erfundene Geschichte zu erzählen, statt einen Aufsatz über einen realen Helden aus der Geschichte zu schreiben. Tolles Detail auch, wie du dein kaputtes Handy in die Geschichte eingebaut hast. Da musste ich richtig schmunzeln. Ich kann mich nur wiederholen: Wirklich gut! Gib mir das bitte morgen noch mal schriftlich.«

Die Klasse applaudierte und ich fühlte mich wie in einem Traum. So viel Lob hatte ich noch nie für irgendwas bekommen. Außer für mein Tor beim Spiel am Wochenende vielleicht. Aber diesmal war es nicht geschummelt. Das fühlte sich jetzt ganz anders an.

Ich kam mir vor wie in einem seltsamen Film, als es zur Pause klingelte. Und dann passierte es: Lina kam auf mich zu. Ich schluckte. So heftig, dass es richtig wehtat.

»Hey, Jonas, ehm, tolle Geschichte«, sagte sie und wirkte dabei richtig unsicher.

So kannte ich sie gar nicht. Ich überlegte, ob sie sich vielleicht doch selbst in der Geschichte erkannt haben könnte – und spontan lief mein Gesicht rot an. Aber zum Glück sprach sie einfach weiter.

»Ich wusste gar nicht, wie toll du schreiben kannst. Du solltest das veröffentlichen. Finde, du hast echt Talent.«

»Äh … Danke«, brachte ich unbeholfen heraus.

Ich dachte an mein Zukunfts-Ich. Hatte es nicht auch so etwas gesagt? Vielleicht war das der Grund, weshalb es mir diese App geschickt hatte – um mich zu meinem ersten Buch zu inspirieren. Weiter darüber nachdenken konnte ich nicht, denn jetzt war es Lina, die anfing zu stottern.

»Ähm … sorry übrigens, dass ich dich gestern so angemotzt habe wegen dem Test. Das war gar nicht so böse gemeint.« Ihre Stimme verlor an Kraft. »'tschuldigung!«, sagte sie und fuhr kaum noch hörbar fort: »Du hast mich doch gestern gefragt, ob wir Kettenkarussell fahren wollen …«

Mist. Sie hatte es doch gehört? Wieder wurde ich rot.

»Sorry, dass ich da nichts dazu gesagt habe. Ich war so überrascht … Aber hättest du vielleicht Lust auf eine Runde? Alleine traue ich mich nicht, aber … wenn du mitkommst …«

»Ja, gerne!«, kam es aus mir raus. Ein bisschen krächzend und ich verschluckte mich fast dabei.

»Cool«, sagte sie mit einem Lächeln. »Um 15 Uhr auf dem Jahrmarkt am Spiegelkabinett?«

»Klar, das schaffe ich«, antwortete ich und sie ließ mich im Schulflur zurück.

War das gerade wirklich passiert? Lina fand mich gar nicht doof? Sie wollte sich mit mir treffen? Ich konnte es nicht fassen. Die App war weg, aber offensichtlich brauchte ich sie auch gar nicht mehr.

Ich musste unbedingt irgendwem davon erzählen, sonst würde ich platzen. Nur wem? Mit Bäm wollte ich nicht über Gefühle reden. Da fiel mir meine Oma ein. Ich beschloss, ihr direkt nach der Schule »Die Zeitmaschine« in der Buchhandlung zu kaufen und vorbeizubringen. Da sie Ahnung von Physik hatte, könnte ich mit ihr über Zeitreisen reden. Und sie würde auch meine Gefühle für Lina verstehen können. Ihr würde ich alles erzählen und der Gedanke beruhigte mich. Immerhin war sie die erfahrenste Zeitreisende, die ich kannte.

Danksagung

Dieses Buch ist mein erstes Buch – und daher möchte ich hier einigen Leuten danken.
Da ist erst mal meine Familie, die sicher froh ist, dass ich das Schreiben als Ventil für meine Fantasie nutzen kann – und dass ich nun nicht mehr platzen muss.
Dann möchte ich Christoph dafür danken, dass er der Isabelle von mir erzählt hat. Und ich danke Isabelle, dass sie wiederum Beltz & Gelberg – dem Verlag dieses Buches – von mir erzählt hat.
Dann danke ich meiner Mutter, meiner Frau und Tante Ju fürs unglaublich schnelle Testlesen.
Und ich danke Christian, meinem Lektor, fürs unermüdliche Worte-Pingpong.
Und natürlich möchte ich auch allen

danken, die dieses Buch lesen. Ich hoffe, ihr glaubt mir jetzt, dass wir alle Zeitreisende sind. Bitte macht was draus.

Widmen möchte ich dieses Buch den drei wichtigsten Frauen in meinem Leben: Waltraut, Marianne und Ilka.

Andreas Z. Simon

Als ein Außerirdischer versuchte, zu seinem Planeten zurückzukehren, kämpfte der siebenjährige Andreas so stark mit, dass er seither mit Vorliebe fantastische Geschichten erzählt.
Nachdem er in der Schule extrem faul war, glich er das später wieder aus, indem er etliche Kindersendungen betreut, fast 100 Musikvideos inszeniert, einen Kinofilm gedreht und die halbe Welt bereist hat.
Wenn er heute nicht gerade Filme schaut, Comics liest oder seinen Podcast aufnimmt, dann schreibt er die Geschichten auf, die ihm beim Träumen einfallen.

Benjamin Lebert
Julian und Anisa
und das Wunder vom Wacholderpark

Mit Illustrationen von Tina Vlachy
Roman, 135 Seiten (ab 10), Gulliver HC 81306
Ebenfalls als E-Book erhältlich (81307)

Julian sammelt lieber Wörter und schreibt Gedichte als Fußball zu spielen. Anisa ist frech, laut – ein schillerndes Mädchen, das durch den Park wirbelt. Viel weiß Julian nicht über sie, aber er mag die Buchstaben in ihrem Namen. Julian ist eher zart und wird immer wieder gemobbt. Eines Tages geht Anisa dazwischen und fordert den überraschten Angreifer zu einem Fußballspiel heraus. Danach ist für Julian nichts mehr wie es war.

Oliver Uschmann/Sylvia Witt
Lange Krallen.
Leonie und ihr Kater auf heißer Spur

Mit Bildern von Timo Grubing
Roman, 116 Seiten (ab 10), Gulliver HC 81276
Ebenfalls als E-Book erhältlich (81277)

Leonie ist sich sicher: Ihr Kater Bobby war in einem früheren Leben ein Wachhund. Daher kommt seine besondere Nase für Verdächtiges. Bobby kann zwar nicht sprechen, Leonie versteht ihn trotzdem. Aber warum knurrt er immer, wenn die neuen Nachbarn in der Nähe sind? Das ist doch eine ganz harmlose Familie. Nur übertrieben ordentlich und immer nachts unterwegs. Irgendetwas stimmt da doch nicht. Leonie will es ganz genau wissen …

www.beltz.de
Beltz & Gelberg, Postfach 10 01 54, 69441 Weinheim

Nina Basovic Brown

Korbjäger

Mit Bildern von Barbara Jung
Roman, 128 Seiten (ab 10), Gulliver HC 81274
Ebenfalls als E-Book erhältlich (81275)

Alle halten Brandon für cool und sportlich – nur weil er Halb-Amerikaner ist und eine braune Hautfarbe hat. Das nervt ihn. Viel lieber will er mit Ahmed an der Forscher-Olympiade teilnehmen. Aber um die umwerfende Pia zu beeindrucken, erfüllt Brandon plötzlich alle Klischees: er spielt Basketball, spricht amerikanischen Slang und läuft rum wie ein Hip-Hop-Star. Macht er sich damit nicht komplett lächerlich?

Eoin Colfer

Tim und das Geheimnis von Captain Crow

Aus dem Englischen von Brigitte Jakobeit
Mit Bildern von Tony Ross
96 Seiten (ab 8), Gulliver TB 74157

Jeden Abend quält Marty seinen Bruder Tim mit Geschichten von dem grausamsten Piraten aller Zeiten, Captain Crow. Der soll noch heute über die Klippen geistern, auf der Suche nach einem neunjährigen Schiffsjungen, der ihn vor über 300 Jahren fürchterlich blamiert hat. Tim gruselt sich schrecklich. Besonders, als er eines Nachts allein über die Felsen gehen muss und ein markerschütternder Schrei ertönt …

www.beltz.de
Beltz & Gelberg, Postfach 10 01 54, 69441 Weinheim